Conéctate con la fuente

Adalgisa Andrés

Título: Conéctate a la fuente
Autor: Adalgisa Andrés
Primera edición: Diciembre 2025
Preparación para la publicación: Special Novels Inc.
Versión libro impreso
ISBN: 978-0-9836298-9-4

Derechos de autor ©2025 por Adalgisa Andrés
Todos los derechos reservados.

Este libro está protegido por leyes de derechos de autor y tratados internacionales. Ninguna parte de esta publicación puede ser reproducida, distribuida o transmitida en cualquier forma o por cualquier medio, incluyendo fotocopiado, grabación o cualquier sistema de almacenamiento y recuperación de información, sin el permiso previo por escrito del autor. Las infracciones serán perseguidas con todo el rigor de la ley.

Contacto del autor: adalgisaandres290@gmail.com

Índice

Introducción...1

El llamado de la fuente..3

La naturaleza de la fuente..9

Obstáculos para la conexión...15

Herramientas de reconexión...21

El poder de la fe y la intención...27

Vivir desde la fuente..31

La misión del alma..35

Sanación y liberación..41

¿Cómo despertar el alma?..45

Sanación profunda y despertar espiritual......................................51

Sanar, Kundalini y Chakras...61

Conclusión...66

Quiero dedicar este libro a todas las personas que tienen el valor de mirar hacia su interior y hacer los cambios necesarios para transformar sus vidas.

En especial, a esas mujeres que sienten un propósito, pero no saben por dónde empezar. Deseo que estas páginas les sirvan de guía para explorar su mundo interior, conectar con su esencia y dar los primeros pasos hacia la vida que anhelan.

Introducción

Vivimos en un mundo lleno de distracciones, donde muchas veces olvidamos que dentro de nosotros habita una fuerza infinita capaz de guiarnos, sostenernos y transformarnos. Esa fuerza es la Fuente, el origen de la vida, la esencia divina que nos conecta con todo lo que existe.

Este libro nace con la intención de recordarte que no estás separado de la Fuente, que nunca lo has estado. A través de estas páginas, encontrarás reflexiones, prácticas y revelaciones que te ayudarán a volver a ese estado de unión sagrada, donde la paz, la abundancia y el amor fluyen naturalmente.

Conéctate a la Fuente es una invitación a un viaje interior. No es un camino nuevo, sino el regreso al lugar donde siempre perteneciste: tu verdadera esencia.

Aquí descubrirás que la Fuente no está afuera, en algo lejano o inalcanzable, sino dentro de ti, esperando a que abras tu corazón para reconocerla.

El llamado de la fuente

Señales de desconexión interior

A lo largo de la vida, todos atravesamos momentos en los que sentimos un vacío profundo. Nada parece llenarnos: ni los logros, ni las relaciones, ni las posesiones materiales. Esa sensación de "falta de algo" no es un error ni un castigo, sino una señal de que nos hemos alejado de nuestra verdadera esencia. La tristeza inexplicable, la ansiedad constante o la sensación de estar perdidos son, en realidad, llamados de la fuente invitándonos a regresar a casa.

La desconexión espiritual no ocurre de un día para otro. Poco a poco dejamos de escuchar nuestra voz interior, nos dejamos arrastrar por el ruido externo y perdemos contacto con lo que realmente somos.

Algunas señales de que estamos desconectados son:
- Sentir un vacío constante, aunque aparentemente lo tengamos "todo".
- Buscar afuera la validación y el amor que no nos damos dentro.
- Vivir en un estado de estrés, ansiedad o miedo.
- Repetir los mismos errores y patrones sin entender por qué.
- Sentirnos "apagados", como si algo en nuestro interior estuviera dormido.

Reflexión: ¿Reconoces alguna de estas señales en tu vida? No te juzgues. Son solo invitaciones de la fuente para recordarte que no estás sola, que siempre puedes volver a conectar.

El vacío existencial como mensaje divino

Ese vacío que tanto duele es un maestro disfrazado. Nos recuerda que lo que buscamos fuera: afecto, reconocimiento, seguridad, ya habita dentro de nosotros. El alma sabe que hay algo más grande y verdadero que lo visible, y no descansará hasta que atendamos esa llamada.

Cuando comprendemos que ese vacío es un mensaje y no una condena, dejamos de temerle y comenzamos a escucharlo.

El vacío interior es uno de los maestros más sabios. Nos empuja a buscar algo más allá de lo superficial, a preguntarnos:
- ¿Quién soy en realidad?
- ¿Por qué estoy aquí?
- ¿Qué sentido tiene mi vida?

Muchas veces intentamos llenar ese vacío con cosas externas: relaciones, trabajo, dinero, logros… Pero tarde o temprano descubrimos que nada de eso es suficiente. La fuente nos recuerda que la plenitud no está en lo que acumulamos, sino en lo que recordamos: somos parte de algo infinito.

Ejemplo: Piensa en una planta. Puedes ponerle adornos, cambiarla de maceta, incluso darle brillo a sus hojas, pero si no la riegas en su raíz, se marchita. Así ocurre con nosotros: la raíz es nuestra conexión con la fuente.

Escuchar la voz interna

La fuente siempre nos habla, pero su voz es suave, como un susurro. Entre tanto ruido exterior; opiniones, noticias, exigencias, esa voz puede parecer lejana. Sin embargo, basta con detenernos, respirar y observar nuestro interior para empezar a reconocerla.

A veces llega como intuición, a veces como un sueño, otras como una "casualidad" que nos guía. Lo importante no es entenderlo todo, sino abrirnos a recibir.

La voz de la fuente nunca grita, siempre susurra. Es la intuición que te dice qué camino tomar, la sensación en el corazón que te guía hacia lo correcto, o esa paz que aparece cuando haces algo alineado con tu ser.

El problema es que vivimos en un mundo lleno de distracciones: redes sociales, responsabilidades, prisas. Esa "contaminación mental" hace que no escuchemos lo esencial.

Ejemplo: Imagina una radio. La señal de la fuente está siempre transmitiendo, pero si tu dial está lleno de interferencias, no la escucharás con claridad. El silencio interior es lo que ajusta tu frecuencia.

Ejercicio práctico: Dedica 5 minutos hoy a estar en silencio, sin música, sin teléfono, sin hablar. Respira profundamente y pregúntate:
- ¿Qué siento ahora mismo?
- ¿Qué necesito de verdad?

No esperes respuestas inmediatas. Solo abre el espacio. Poco a poco, la voz interior se hará más clara.

Primeros pasos hacia el regreso

El regreso a la fuente no requiere un camino complicado, sino un corazón dispuesto. Los primeros pasos son sencillos pero poderosos:
- Reconocer que necesitamos reconectar.
- Aceptar que la fuente siempre ha estado en nosotros.
- Abrirnos a nuevas experiencias de silencio, oración y autoconocimiento.

Cuando damos estos pasos, el universo responde. Comenzamos a ver señales, sentir paz en medio de la tormenta y descubrir una fuerza interior que siempre estuvo allí.

El llamado de la fuente

El regreso a la fuente no requiere rituales complicados, solo disposición y constancia. Estos son tres pasos simples que puedes comenzar hoy:

- Reconocer la desconexión. Aceptar que te has alejado de tu esencia es un acto de humildad y valentía.
- Pedir guía. No importa si lo llamas Dios, universo, energía o fuente. Habla desde tu corazón: "Muéstrame el camino de regreso".
- Abrir espacios de conexión. Pequeños hábitos como respirar conscientemente, agradecer cada mañana o caminar en la naturaleza, son llaves que abren la puerta al reencuentro.

Ejercicio de gratitud: Antes de dormir, escribe tres cosas por las que te sientes agradecida. No importa si son grandes o pequeñas. La gratitud es un puente directo hacia la fuente, porque nos conecta con la abundancia que ya existe en nuestra vida.

El llamado de la fuente nunca desaparece. Aunque nos alejemos, aunque nos distraigamos, aunque olvidemos quiénes somos, siempre hay una voz interior que susurra: "Regresa a casa".

Ese llamado no es para unos pocos elegidos, es para todos. Porque todos somos parte de la fuente.

A veces la vida se vuelve un desierto silencioso.
El alma siente sed, aunque el cuerpo esté saciado.
Buscamos en las cosas del mundo un agua que nunca calma,
y es entonces cuando escuchamos un murmullo suave,
una voz escondida en lo profundo: el llamado de la fuente.

Ese vacío que se abre en el pecho no es castigo,

es una puerta invisible que nos invita a regresar.
Es la fuente recordándonos que somos más que carne y pensamiento,
que nuestra verdadera patria es la eternidad.

La fuente no grita. Susurra.
Se manifiesta en intuiciones que nos sorprenden,
en sueños que parecen mensajes,
en sincronías que parecen casualidad,
pero que en realidad son el lenguaje secreto del universo.

Cuando dejamos de huir y nos detenemos a escuchar,
descubrimos que nunca estuvimos solos.
Que aquello que llamamos "vacío" era en verdad un maestro,
conducido por la mano invisible de la vida.

El regreso comienza con un gesto simple:
abrir el corazón,
respirar con consciencia,
y decir en silencio:
"Estoy lista para volver."

La naturaleza de la fuente

La fuente como energía creadora

La fuente es la esencia de todo lo que existe. Algunos la llaman Dios, otros universo, espíritu, energía divina o amor absoluto. No importa el nombre: es la chispa creadora que sostiene la vida.

Todo lo que vemos, el sol, los árboles, los mares, tu respiración, mis palabras, proviene de esa fuerza invisible y poderosa. No es algo externo a nosotros, es lo que somos en lo más profundo.

Ejemplo: El agua del mar y una gota de agua tienen la misma esencia. La gota parece pequeña, pero sigue siendo mar. Así somos nosotros: una extensión de la fuente.

Conciencia universal y espíritu individual

Cada ser humano es como un rayo de luz que proviene del mismo sol. Aunque tenemos experiencias distintas, todos estamos conectados por esa conciencia universal.

Tu espíritu es único, con dones y talentos especiales, pero al mismo tiempo forma parte de una red infinita. Por eso, lo que piensas, sientes y haces afecta no solo a ti, sino a todo el tejido de la vida.

Reflexión: ¿Qué pasaría si empezaras a verte no como un individuo separado, sino como una chispa del todo? Tu manera de relacionarte con los demás cambiaría por completo, porque verías en ellos la misma esencia que habita en ti.

Amor, luz y abundancia: los tres pilares

La fuente se expresa principalmente de tres maneras:
- Amor: la energía más poderosa del universo. Cuando actúas desde el amor, entras en sintonía con tu origen.
- Luz: la claridad interior que disuelve la confusión. Es la sabiduría que ilumina el camino.
- Abundancia: no solo material, sino espiritual, emocional y energética. La fuente no conoce límites, porque siempre está en expansión.

Ejemplo: La naturaleza refleja estos tres pilares. Un árbol da frutos sin esperar nada a cambio (amor), crece hacia el sol (luz) y se multiplica en semillas (abundancia).

La fuente en las tradiciones espirituales

A lo largo de la historia, distintas culturas han nombrado a la fuente de diversas formas:
- En la tradición cristiana, se habla de Dios como Padre amoroso.
- En la filosofía oriental, del Tao como el flujo eterno.
- En los pueblos indígenas, del Gran Espíritu o la Madre Tierra.

Todas apuntan a lo mismo: una fuerza mayor que sostiene la vida y nos invita a vivir en armonía con ella.

Ejercicio práctico: Cierra los ojos por un momento y respira profundo. Visualiza un hilo de luz que conecta tu corazón con el centro del universo. Siente que esa luz te recorre, recordándote que nunca has estado separado de la fuente.

Repite mentalmente: "Soy uno con la fuente. Soy amor, luz y abundancia."

La fuente no es un misterio lejano ni un concepto abstracto: es la energía que respira en ti en este mismo instante. Cuando recuerdas tu conexión con ella, la vida deja de ser lucha y se convierte en un fluir constante.

La pregunta no es si estás conectado o no, porque la verdad es que nunca te desconectaste. La pregunta es: ¿eres consciente de esa unión?

La fuente es el origen y el destino.
Es el río del que brotamos y al que un día regresaremos.
Algunos la llaman Dios,
otros la llaman Amor,
otros simplemente la sienten sin nombre.

No importa cómo la nombremos:
ella es la chispa que enciende las estrellas
y al mismo tiempo el pulso que late en tu pecho.

Somos gotas del mismo océano,
rayos del mismo sol,
hojas del mismo árbol eterno.
Creemos estar separados,
pero en verdad somos un mismo canto extendido en miles de formas.

La fuente se expresa en tres rostros sagrados:
Amor, que une todo lo creado,
el tejido invisible que sostiene los mundos.
Luz, que ilumina los pasos cuando todo parece oscuro,

La naturaleza de la fuente

y revela que la claridad habita en nosotros.
Abundancia, que no conoce límites,
como los frutos que se multiplican en un árbol generoso.

Mires donde mires, allí está la fuente:
en el susurro del viento,
en la inocencia de un niño,
en tu respiración que entra y sale sin que la controles.

Nunca te has separado de ella.
La ilusión de separación es solo un velo que se disuelve
cuando cierras los ojos y recuerdas:

"Soy uno con la fuente.
Soy amor, soy luz, soy abundancia."

Obstáculos para la conexión

Dentro de cada persona existe una fuente interior constante, una especie de energía vital que está siempre disponible. Sin embargo, muchas veces construimos barreras internas que impiden que esa fuente nos nutra. Estas barreras no son visibles, pero afectan profundamente nuestra percepción y bienestar.

El ego y la ilusión de separación

El ego nos lleva a pensar que somos entidades separadas, aisladas del resto. Nos identificamos solo con nuestro cuerpo y nuestra historia individual, lo que nos lleva a actuar desde la defensa, la comparación, la competencia o la necesidad de acumular. Esta visión distorsionada nos desconecta del sentido de unidad con los demás y con la vida misma, generando una sensación de aislamiento.

Miedos y creencias limitantes

El miedo aparece como una voz interna que genera inseguridad. Nos convence de que no somos suficientes, de que no merecemos ciertas cosas o de que el mundo es un lugar hostil. Cuando esa voz domina, dejamos de confiar en nuestras capacidades y en el flujo natural de la vida. Le damos más poder al miedo que a nuestras propias fortalezas.

Desde la infancia, absorbemos ideas y mensajes que, con el tiempo, se convierten en creencias limitantes. Frases como "no puedes", "no eres capaz" o "es peligroso confiar" se arraigan en la mente y moldean nuestras decisiones. Estas creencias condicionan nuestra forma de vivir y pueden impedirnos desarrollar nuestro verdadero potencial.

El ruido externo: tecnología, sociedad y prisa

Vivimos rodeados de estímulos, pantallas, exigencias externas y ritmos acelerados. Este entorno saturado puede hacer que perdamos contacto con nuestro interior. La voz de nuestra intuición o sabiduría personal no desaparece, pero queda opacada por el exceso de información y presión externa.

Reflexión: Los obstáculos internos no deben verse como enemigos, sino como oportunidades de aprendizaje.
- El ego nos da la posibilidad de practicar la humildad.
- El miedo puede impulsarnos a fortalecer nuestra fe y confianza.
- Las creencias limitantes nos invitan a cuestionarlas para alcanzar la libertad mental.
- El ruido exterior puede motivarnos a buscar el silencio y la conexión interior.

Cada uno de estos obstáculos puede transformarse en un recurso si se aborda con conciencia. Para comenzar ese proceso, una herramienta útil es identificar cuál de estos factores está actuando como barrera principal en tu vida. Escríbelo, y luego anota una palabra que represente la cualidad positiva que puede contrarrestarlo:
- Miedo = Confianza
- Ego = Humildad
- Ruido = Silencio
- Creencia = Libertad

Este acto sencillo puede marcar el inicio de un cambio interno.

Cómo reconocer la desconexión

La desconexión con uno mismo nunca es definitiva. Siempre es posible reconectar con la fuente interior, aprender de los desafíos y avanzar con mayor claridad hacia una vida más consciente y plena.

Reconocer que estamos desconectados de nuestra fuente interior es el primer paso para recuperar el equilibrio personal. Esta desconexión no siempre se manifiesta de forma evidente, pero suele reflejarse en distintos aspectos emocionales, mentales y físicos. A continuación, se presentan algunas señales comunes:

1. Sensación de vacío o insatisfacción constante
Aunque se logren metas o se cumplan expectativas externas, puede persistir una sensación interna de que "falta algo". Esta insatisfacción no se resuelve con estímulos externos, porque tiene un origen más profundo.

2. Reacciones automáticas y desproporcionadas
La desconexión suele llevarnos a actuar en piloto automático, reaccionando con irritabilidad, ansiedad o miedo ante situaciones cotidianas. La falta de pausa y reflexión es un signo claro de que estamos desconectados de nuestra conciencia plena.

3. Diálogo interno negativo
Cuando predominan pensamientos de autocrítica, duda, culpa o comparación constante, es una señal de que hemos perdido contacto con nuestra voz interior más sabia y compasiva.

4. Falta de claridad y propósito
Una mente dispersa, con dificultad para tomar decisiones o establecer prioridades, indica una desconexión con los valores personales y con lo que realmente importa.

Obstáculos para la conexión

5. Búsqueda excesiva de validación externa
Depender de la aprobación de los demás, necesitar constantemente estímulos, distracciones o reconocimiento para sentirse bien, muestra una desconexión con la autoestima auténtica y con la propia identidad.

6. Agotamiento emocional o físico sin causa aparente
El cansancio persistente, incluso después de descansar, puede ser una manifestación del desgaste que produce vivir desconectado de uno mismo, ignorando necesidades reales o reprimiendo emociones.

Reconocer estas señales no es motivo de juicio, sino una oportunidad para pausar, observar y comenzar a reconstruir la conexión interior. A través de la atención plena, el autoconocimiento y la práctica del silencio o la introspección, es posible volver a ese espacio interno donde habita la calma, la claridad y el sentido.

Herramientas de reconexión

Volver a conectar con la fuente interior no requiere grandes cambios externos ni rituales complejos. Existen herramientas simples y accesibles que nos permiten restablecer ese vínculo esencial con nosotros mismos, con la vida y con lo que cada uno considere sagrado. Estas prácticas funcionan como puentes hacia la calma, la claridad y la presencia consciente.

A continuación, se presentan cinco herramientas fundamentales para fomentar la reconexión interior, acompañadas de ejemplos reales que muestran cómo pueden aplicarse en la vida cotidiana.

El silencio y la meditación

El silencio es un espacio fértil para la reconexión. Nos permite observar nuestros pensamientos, calmar la mente y escuchar con mayor claridad la voz interior. La meditación, incluso en su forma más básica, ayuda a reducir el ruido mental y a crear un estado de mayor conciencia y serenidad.

Práctica recomendada: Busca un lugar tranquilo, siéntate cómodamente, cierra los ojos y dirige tu atención a la respiración. Imagina que inhalas luz y exhalas tensión. Practica durante cinco minutos al día.

Ejemplo: María vivía rodeada de distracciones constantes. Un día decidió sentarse en silencio por cinco minutos. Al principio le costó, pero con el tiempo descubrió que ese momento le daba claridad mental y una sensación de calma que no encontraba en ningún otro lado. Hoy es parte de su rutina diaria.

Lección: El silencio permite que emerja una forma más profunda de conexión interior.

Oración: el lenguaje del alma

La oración puede tomar muchas formas: una frase, una intención, una expresión sincera de lo que sentimos. No se trata de repetir fórmulas, sino de establecer un vínculo directo con lo trascendente. Es un acto de entrega, confianza y conexión espiritual.

Práctica recomendada: Dedica unos minutos al día para expresar tus pensamientos o emociones a esa fuente mayor en la que creas. Puedes usar una frase sencilla como:

"Fuente de vida, te entrego mis miedos y mis sueños. Haz de mí un canal de tu amor."

Ejemplo: Pedro se encontraba en una situación crítica tras perder su empleo. Una noche, simplemente pidió ayuda en silencio. Al día siguiente recibió una llamada con una oportunidad inesperada. Para él, fue una confirmación de que había sido escuchado.

Lección: La oración sincera no siempre cambia lo externo de inmediato, pero transforma nuestra actitud y percepción.

Respiración consciente y energía vital

La respiración es una herramienta poderosa y siempre disponible. Respirar de forma consciente regula el sistema nervioso, reduce la ansiedad y nos ancla en el momento presente. Es un medio directo para reconectarnos con el cuerpo y calmar la mente.

Práctica recomendada: Realiza el ejercicio conocido como "respiración cuadrada":

Inhala en 4 tiempos → Retén en 4 → Exhala en 4 → Pausa en 4. Repite varias veces. Este ritmo ayuda a estabilizar cuerpo y mente.

Ejemplo: Lucía, que padecía ataques de ansiedad, incorporó este ejercicio como parte de su rutina. Con práctica, logró reducir sus síntomas y sentirse más presente en su vida diaria.

Lección: La respiración consciente es un recurso inmediato para recuperar el equilibrio emocional.

El poder sanador de la naturaleza

Pasar tiempo en entornos naturales tiene un efecto restaurador sobre el cuerpo y la mente. La naturaleza nos recuerda los ritmos vitales, la simplicidad y la abundancia silenciosa que también habita en nosotros.

Práctica recomendada: Camina por un parque, siéntate bajo un árbol, escucha los sonidos del entorno o simplemente observa el cielo. Estos momentos favorecen la introspección y la reconexión con el presente.

Ejemplo: Andrés estaba atravesando una crisis existencial. Un día, caminó por un bosque cercano y abrazó un árbol. La experiencia lo hizo sentir contenido y reconectado. Desde entonces, el contacto con la naturaleza es su forma de recobrar perspectiva y paz.

Lección: La naturaleza actúa como un espejo que nos devuelve al orden interno.

Gratitud y presencia diaria

La práctica de la gratitud fortalece la conexión con lo positivo, mejora el estado emocional y nos permite valorar lo que ya está presente en nuestras vidas. Vivir con atención plena nos ayuda a romper con el automatismo y a experimentar mayor satisfacción.

Práctica recomendada: Antes de dormir, escribe tres cosas por las que estés agradecido. Pueden ser eventos, personas o momentos simples del día.

Herramientas de reconexión

Ejemplo: Sofía comenzó a escribir cada noche lo que agradecía. Al poco tiempo notó que su descanso mejoró, su estado de ánimo cambió y empezó a ver más belleza en lo cotidiano.

Lección: La gratitud transforma la percepción y abre espacio para la abundancia emocional.

Estas herramientas no son soluciones mágicas, pero sí accesos directos a un estado de mayor conexión y bienestar. Incorporarlas en la vida diaria no requiere mucho tiempo ni condiciones especiales, solo la voluntad de hacer una pausa y volver al presente.

Recuerda, la clave está en:

- Silencio y meditación: calma mental y claridad interior.
- Oración: canal de comunicación con lo sagrado.
- Respiración consciente: equilibrio emocional inmediato.
- Naturaleza: reconexión con el ritmo vital.
- Gratitud: cambio de enfoque y apertura al bienestar.

Cultivar estas prácticas de forma habitual es una forma de recordar que la conexión con la fuente nunca se ha perdido, solo necesita ser atendida.

El poder de la fe y la intención

La fe y la intención son dos capacidades fundamentales del ser humano para crear una vida con sentido, dirección y propósito. No se trata de esperar pasivamente que las cosas cambien, sino de asumir una actitud interna activa y consciente. Cuando ambas se combinan, generan una fuerza poderosa que transforma tanto nuestra percepción como nuestras circunstancias.

A continuación, exploramos cómo actúan la fe, las palabras, los pensamientos y la intención en nuestra vida diaria, con ejemplos reales que muestran su impacto.

La fe como fuerza creativa

La fe es más que una creencia: es una certeza interna que sostiene incluso en momentos de dificultad. Activa la esperanza, moviliza recursos internos y abre la mente a nuevas posibilidades. Tener fe implica confiar en que, aunque no veamos resultados inmediatos, la vida sigue en movimiento a nuestro favor.

Ejemplo: Marta deseaba ser madre, pero recibió diagnósticos médicos desfavorables. En lugar de rendirse, comenzó a actuar como si su hijo ya existiera: le hablaba, compraba pequeños objetos y agradecía cada día por su llegada. Dos años después, quedó embarazada. Para ella, la fe fue el elemento que sostuvo su camino hasta alcanzar lo que parecía imposible.

La fe no garantiza resultados específicos, pero sí crea el entorno emocional y mental propicio para que se manifiesten nuevas realidades.

La palabra como decreto

Las palabras que usamos a diario no solo comunican ideas, también reflejan creencias y condicionan nuestro estado emocional. Repetir frases negativas refuerza estados internos limitantes. En cambio, hablar con intención y afirmaciones positivas genera apertura, enfoque y transformación.

Ejemplo: Luis solía repetir "todo me sale mal", y su vida parecía confirmarlo. Decidió cambiar conscientemente su lenguaje y comenzó a decir: "Cada día estoy más abierto a las bendiciones". Al principio lo hacía sin mucha convicción, pero con el tiempo su entorno comenzó a mejorar: su actitud cambió, sus relaciones se volvieron más sanas y encontró nuevas oportunidades laborales.

Cambiar el lenguaje que usamos puede modificar tanto nuestra perspectiva como nuestras experiencias.

La vibración de los pensamientos

Cada pensamiento emite una frecuencia emocional. Pensamientos recurrentes de miedo, escasez o queja tienden a generar más experiencias de ese tipo. En cambio, pensamientos de gratitud, confianza y plenitud elevan nuestro estado interno y abren nuevas posibilidades. No se trata de "pensar en positivo" de forma superficial, sino de entrenar la mente para enfocarse en lo que suma y construye.

Ejemplo: Carolina vivía enfocada en todo lo que le faltaba. Se sentía estancada y frustrada. Empezó a practicar un ejercicio diario de gratitud y visualización: agradecía lo que tenía y se imaginaba viviendo con plenitud. Con el tiempo, su estado emocional mejoró y comenzaron a aparecer nuevas oportunidades. Comprendió que su mente era una herramienta que influía directamente en su realidad.

La calidad de nuestros pensamientos determina en gran parte la calidad de nuestra vida.

Intención consciente y manifestación

Tener una intención clara le da dirección a nuestra energía. La intención no es un deseo pasivo, sino una decisión consciente que moviliza acciones, enfoque y oportunidades. Implica saber lo que queremos, sostenerlo emocionalmente y actuar en coherencia.

Ejemplo: Samuel deseaba un cambio laboral. En lugar de esperar, escribió su intención en un cuaderno: "Quiero un trabajo que me permita crecer, ayudar a otros y ser feliz". A partir de ahí, comenzó a formarse, buscar oportunidades y relacionarse con personas afines. Al poco tiempo, recibió una propuesta que coincidía exactamente con lo que había escrito.

La intención consciente alinea nuestros pensamientos, emociones y acciones, facilitando la manifestación de experiencias coherentes con lo que deseamos.

La combinación de fe e intención es una herramienta poderosa de transformación personal. No se trata de controlar los resultados, sino de vivir con claridad, confianza y coherencia. Cuando creemos en lo que es posible y actuamos en esa dirección, comenzamos a generar una realidad más alineada con nuestro propósito.

Estas son las ideas claves:
- Fe: Genera fuerza interna para avanzar, incluso en la incertidumbre.
- Palabras: Programan nuestra mente y moldean nuestro entorno.
- Pensamientos: Influyen directamente en la energía que emitimos y recibimos.
- Intención: Da dirección y sentido a nuestras decisiones.

Practicar estas herramientas con constancia permite vivir con mayor conciencia, y transforma la forma en que nos relacionamos con la vida y con nosotros mismos.

Vivir desde la fuente

Vivir desde la fuente significa actuar desde un estado de conexión interior, presencia y coherencia. Es una forma de relacionarse con la vida donde se reconoce la interdependencia de todo lo que existe: pensamientos, emociones, acciones y vínculos. No se trata de alcanzar un ideal de perfección, sino de vivir con conciencia, integridad y apertura.

Cuando vivimos desde la fuente, cultivamos una percepción más clara, tomamos decisiones más alineadas con nuestros valores y nos sentimos parte de un todo mayor.

Cómo se siente la verdadera paz interior

La paz verdadera no depende de la ausencia de conflictos o dificultades, sino de la actitud con la que enfrentamos las situaciones. Aceptar el fluir de la vida, en lugar de resistirse a lo que no se puede controlar, genera una calma profunda. Esta aceptación no es resignación, sino sabiduría emocional.

Ejemplo práctico: Elena estaba pasando por un periodo de incertidumbre. En lugar de luchar contra lo que no podía cambiar, decidió practicar la aceptación consciente. Durante una caminata en la playa, conectó con una sensación de paz inesperada. Comprendió que la serenidad no venía de las circunstancias externas, sino de su capacidad de rendirse al momento presente.

Ejercicio recomendado: Cuando experimentes ansiedad o temor, detente unos segundos, respira profundo y repite mentalmente:

> *"Estoy en el flujo de la vida. Todo está bien, aunque no lo comprenda ahora."*

Relaciones desde el amor divino

La conexión con la fuente también transforma nuestras relaciones. Cuando actuamos desde la abundancia interior, dejamos de buscar en los demás lo que sentimos que nos falta. En cambio, empezamos a compartir desde un lugar de plenitud, comprensión y compasión.

Ejemplo práctico: Daniel solía tener conflictos constantes con su hermano. Al iniciar un proceso de reconexión interior, comenzó a observar sus emociones antes de reaccionar. Esta pausa le permitió responder con empatía en lugar de impulsividad. Poco a poco, sus discusiones se convirtieron en diálogos sanadores.

Ejercicio recomendado: Antes de iniciar una conversación importante, haz una pausa y pregúntate:

"¿Estoy por hablar desde la fuente o desde el miedo?"

Prosperidad como reflejo de la conexión

La verdadera prosperidad no se limita a lo económico. Vivir desde la fuente significa alinearse con el bienestar integral: salud, relaciones armoniosas, propósito profesional y creatividad. Cuando dejamos de actuar desde la escasez y empezamos a confiar en el proceso, la vida responde con fluidez.

Ejemplo práctico: Marcos quería emprender, pero el miedo al fracaso lo paralizaba. Decidió actuar con confianza, enfocándose en lo que sí podía hacer cada día. A medida que avanzaba, aparecieron oportunidades inesperadas. Su negocio creció en armonía con su energía interior. No forzó los resultados; los permitió.

Ejercicio recomendado: Al comenzar el día, visualiza cómo quieres vivirlo. Más allá de los resultados, enfócate en cómo deseas sentirte: en calma, con confianza, abierto a las oportunidades.

Sincronías y señales del universo

Cuando vivimos en conexión, es común percibir señales, sincronicidades o "coincidencias" significativas. Estas señales no son hechos mágicos, sino recordatorios de que estamos alineados con algo más amplio. Estar atentos a ellas fortalece nuestra confianza y nuestra percepción intuitiva.

Ejemplo práctico: Lucía notaba repetidamente el número 11:11 en el reloj. Al principio lo ignoraba, pero luego lo interpretó como una invitación a hacer una pausa y reconectar con su intención. Esta práctica diaria se convirtió en una forma de mantenerse centrada y enfocada.

Ejercicio recomendado: Durante el día, observa tu entorno con atención. Si algo se repite o te llama la atención, tómalo como una señal para detenerte, respirar y reconectar contigo mismo.

Vivir desde la fuente no es un ideal lejano ni un estado reservado para momentos especiales. Es una elección diaria, una forma de vivir con más presencia, confianza y coherencia. Es permitir que la vida nos guíe desde adentro, reconociendo que lo sagrado no está fuera, sino en cada acto consciente, en cada palabra con intención y en cada pausa que nos recuerda quiénes somos.

Recuerda estas frases y conceptos claves:
- Paz interior: aceptar el flujo de la vida sin resistencia.
- Relaciones desde el amor: responder desde la conciencia, no desde la carencia.
- Prosperidad fluida: confiar en que la abundancia llega cuando hay coherencia interna.
- Lectura de señales: abrirse a la guía sutil del universo con atención presente.

Vivir desde la fuente es recordar, cada día, que ya estamos en casa.

La misión del alma

Cada persona nace con una misión única, una contribución personal que no siempre se revela de inmediato. Esta misión no necesariamente se relaciona con grandes logros, títulos o reconocimiento social. En muchos casos, se manifiesta a través de acciones simples pero significativas, que surgen del corazón y se alinean con nuestros talentos, valores y pasiones.

Reconocer y vivir la misión del alma requiere escucha interior, autenticidad y conexión con lo esencial. A continuación, exploramos cómo identificar esa misión y vivirla de manera consciente.

Recordar quién eres realmente

Antes de descubrir el propósito, es fundamental recordar quién eres más allá de los roles sociales, expectativas externas o experiencias del pasado. Reconectarte con tu esencia te permite escuchar con mayor claridad lo que tu alma desea expresar en esta vida.

Ejemplo práctico: Clara sentía que su vida carecía de sentido. Decidió dedicar tiempo a escucharse sin juzgar. Descubrió que tenía un don para acompañar a otros en su camino espiritual. Creó un espacio de guía y contención que impactó positivamente a muchas personas. Su propósito emergió cuando se reconectó con su interior.

Ejercicio recomendado: Siéntate en silencio y pregúntate:
- "¿Qué me hace sentir verdaderamente vivo?"
- "¿Qué actividades despiertan alegría y plenitud en mí?"

Esas respuestas son claves para entender tu dirección interior.

Descubrir tu propósito de vida

El propósito no siempre se manifiesta en una profesión o actividad específica. A menudo, se encuentra en cómo vives lo que haces. Cuidar, enseñar, inspirar o acompañar pueden ser formas valiosas de expresar la misión del alma. El propósito surge al poner tu energía al servicio de algo que trasciende tu beneficio personal.

Ejemplo práctico: Juan trabajaba en una oficina, pero sentía vacío. Al comenzar a enseñar música a niños en su comunidad, descubrió que ese acto sencillo lo llenaba profundamente. Lo que inició como un pasatiempo se convirtió en su verdadera vocación.

Reflexión: Pregúntate: "¿Cómo puedo contribuir con lo que ya sé o disfruto hacer?"

Servir como canal de luz

Vivir tu misión implica compartir tus dones de manera genuina. No se trata de obtener reconocimiento, sino de aportar valor desde el corazón. Servir desde la autenticidad permite que la fuente se exprese a través de ti en formas naturales y cotidianas.

Ejemplo práctico: Ana escribía reflexiones en redes sociales como una forma de procesar sus emociones. Con el tiempo, muchas personas comenzaron a agradecerle por lo que compartía. Descubrió que sus palabras no solo la ayudaban a ella, sino también a otros. Así, su misión comenzó a expandirse sin haberlo planeado.

Servir con honestidad y coherencia es una forma poderosa de manifestar la misión del alma.

La expansión de la conciencia colectiva

La misión individual no está aislada: forma parte de una red mayor. Cada acto consciente eleva la energía del entorno y puede inspirar a otros. Cuando múltiples personas viven su propósito, se genera un efecto multiplicador de transformación social y espiritual.

Ejemplo práctico: Un grupo pequeño de voluntarios decidió limpiar un parque olvidado. El gesto fue contagioso y la comunidad entera se sumó. Lo que empezó como una acción puntual se convirtió en una iniciativa de impacto colectivo. Cada uno aportó desde su lugar, creando algo mucho más grande que la suma de las partes.

Tu propósito personal también tiene un impacto en el bienestar común. La misión del alma no solo transforma tu vida, sino la realidad que te rodea. Descubrir y vivir la misión del alma no es un evento único, sino un proceso continuo. Se trata de estar dispuesto a escucharte con honestidad, seguir lo que te inspira y actuar desde tu esencia. No necesitas tener todo claro desde el inicio; basta con dar un paso a la vez, desde la autenticidad y la conexión interior.

Recuerda estas ideas claves:
- Recuerda quién eres: Tu esencia es el punto de partida.
- Encuentra sentido en lo simple: El propósito se vive en lo cotidiano.
- Sirve desde el corazón: Tu misión crece cuando se pone al servicio de otros.
- Contribuye al colectivo: Tu luz individual puede encender muchas más.

La misión del alma

Vivir tu misión es permitir que la fuente se exprese a través de ti. Cada gesto auténtico, cada palabra con intención y cada acción alineada es una huella que deja tu alma en el mundo.

Sanación y liberación

Sanar y liberarse implica un proceso de introspección, perdón y desapego consciente. No se trata de olvidar o ignorar lo vivido, sino de soltar con amor todo aquello que ya no aporta crecimiento ni bienestar. Este proceso comienza dentro de uno mismo, en conexión con el yo superior: esa parte sabia y luminosa que conoce nuestro verdadero camino.

Comunicación con tu yo superior

Tu yo superior es la parte más elevada de tu conciencia. Conoce tu historia, tus heridas y tu propósito de vida. Sanar requiere volver a ese centro interno desde donde puedes observar tus apegos, cargas y emociones con claridad y compasión.

Ejercicio de liberación emocional:

1. Busca un lugar tranquilo y siéntate cómodamente.
2. Cierra los ojos y respira profundo varias veces, hasta que tu cuerpo entre en un estado de calma.
3. Visualiza que estás en el centro de un espacio, rodeado de todo aquello que hoy representa peso en tu vida: responsabilidades excesivas, heridas emocionales, estructuras mentales que ya no encajan contigo.
4. Nombra una a una de esas cargas. Por cada una, expresa con claridad: *"Ya no deseo sostener esto en mi vida." "Elijo liberarme de este peso."*
5. Imagina que cortas ese lazo con una tijera simbólica o que lo entregas a tu yo superior.
6. Declara en voz alta o mentalmente: *"Yo suelto y me libero. Soy libre. Gracias, Dios."*

Sanación de la relación con la pareja o expareja

El vínculo con una pareja deja huellas profundas. A veces, mantenemos resentimiento, dolor o enojo que impiden avanzar. Sanar esta relación, incluso si ya terminó, es esencial para cerrar ciclos y recuperar la paz.

Muchas veces cargamos culpas o culpamos al otro sin darnos cuenta de que esas heridas vienen de más atrás, incluso de la infancia. Si no sanamos, repetimos patrones y atraemos relaciones que reactivan ese dolor.

Ejercicio para soltar y perdonar:
1. Encuentra un espacio tranquilo y respira hasta calmar tu mente.
2. Imagina un campo vacío. Frente a ti está esa persona con la que aún tienes un vínculo emocional no resuelto.
3. Exprésale lo que sientes: el dolor, la frustración, lo que te costó soltar esa relación. Dile también que comprendes que ambos actuaron desde heridas no resueltas.
4. Cuando sientas que ya has dicho todo, imagina un hilo que los une.
5. Visualiza cómo lo cortas, y di con claridad: *"Te libero para que sigas tu camino, y me libero para seguir el mío. Gracias, Dios."*

Liberación en la relación con los hijos

Ser padres implica amor incondicional, pero también saber cuándo soltar. Liberar a los hijos no significa abandonarlos, sino respetar su camino y permitir que vivan sus propios procesos, sin cargar con nuestros temores, traumas o expectativas no cumplidas.

El apego excesivo puede impedir que los hijos se desarrollen plenamente, y mantener un control constante sobre sus decisiones genera conflictos y resentimientos. Enseñarles a ser libres también es una forma de amar.

Meditación de desapego amoroso:

En un momento de calma, repite mentalmente o en voz alta:

> *"Hijo/Hija, eres una bendición en mi vida. Agradezco a Dios por haberme permitido ser tu padre/madre. Tal vez no fui perfecto, pero te cuidé y te amé con todo mi ser. Hoy te libero, no porque me aleje, sino porque reconozco que tu camino es único. Te libero para que no cargues con mis errores ni mis heridas. Te libero para que cumplas tu propósito. Y al hacerlo, también me libero, porque mi papel como guía ha terminado. Gracias, te amo profundamente."*

Sanar no es olvidar el pasado, sino transformar la relación que tenemos con él. Liberar no es rechazar lo vivido, sino dejar de cargar lo que ya no nos pertenece. Cada ejercicio de perdón, desapego y conciencia es un acto de amor propio y de respeto hacia los demás.

Al soltar, permitimos que la vida fluya con más ligereza. Al liberar, creamos espacio para lo nuevo. Todo proceso de sanación comienza en el interior y se refleja en el mundo que construimos día a día.

¿Cómo despertar el alma?

Despertar el alma no es un evento repentino ni un momento mágico. Es un proceso consciente que se activa, muchas veces, a través del dolor. Situaciones como pérdidas, enfermedades, rupturas o crisis existenciales no llegan por azar: son llamadas de atención del alma que nos invitan a mirar hacia adentro.

Ignorar estas señales solo profundiza el malestar. La desconexión se manifiesta como ansiedad, tristeza sin causa aparente, insatisfacción crónica, dolores físicos recurrentes o pensamientos que no se detienen. Despertar el alma implica dejar de vivir desde el piloto automático y empezar a escuchar lo que realmente necesitamos.

Meditación para reconectar con el alma:
Uno de los caminos más directos para despertar el alma es entrar en contacto con ella a través del silencio y la meditación.
Ejercicio diario (7 días):
- Busca un espacio tranquilo, siéntate o recuéstate con comodidad.
- Respira profundamente varias veces.
- Mentalmente, habla con tu alma. Puedes decirle:

> *"Muéstrame el camino hacia mi verdadero ser. Muéstrame mi propósito. Ayúdame a despertar los dones que están dormidos en mí."*

Con el paso de los días, comenzarás a percibir señales sutiles: mayor intuición, claridad mental, sensibilidad o incluso habilidades que no sabías que tenías. Estos son aspectos dormidos en tu conciencia y codificados en tu interior.

¿Cómo despertar el alma?

Limpieza del alma

Muchas veces nos sentimos agotados, bloqueados o emocionalmente cargados, sin entender por qué. La razón es que acumulamos emociones no resueltas, pensamientos no expresados y dolores no llorados. Esa carga interna no es visible, pero pesa.

Formas de limpiar el alma:

Llorar sin represión
Llorar libera la energía estancada. Permítete sentir el dolor que evitaste cuando fingiste estar bien. No es debilidad, es sanación.
¿Para qué sirve? Para abrir espacio interior: si no hay grietas, la luz no entra.

Escribir y quemar
Toma una hoja y escribe todo lo que callaste. Sin censura. Al terminar, léelo en voz alta si lo necesitas y luego quémalo.
¿Para qué sirve? Para cerrar ciclos de forma simbólica y emocional.

Ducha de sal y agua
Báñate con agua caliente y sal gruesa. Mientras el agua cae, repite: "Devuelvo lo que no es mío. Suelto lo que me enferma. Rompo con lo que me estanca."
¿Para qué sirve? Para liberar el cuerpo físico del peso emocional.

Silencio interior
Meditar no es para monjes, es para valientes. En el silencio emergen las voces internas, el pasado, las emociones no enfrentadas.
¿Para qué sirve? Para reprogramar tu alma y ver con claridad quién eres y qué necesitas transformar.

Romper con los ciclos repetitivos

Cuando vivimos sin limpiar nuestras heridas, tendemos a repetir historias con diferentes personas, lugares o momentos, pero con el mismo desenlace. Esto no es casualidad: es programación mental inconsciente.

¿Cómo se detectan los ciclos repetidos?

- Sientes cansancio emocional crónico.
- Vuelves a tener relaciones parecidas, con los mismos conflictos.
- Enfrentas bloqueos recurrentes en el trabajo o en el dinero.
- Tienes amistades con patrones similares de traición o abandono.

Todo esto tiene origen en programas aprendidos en la infancia: heridas no resueltas, creencias limitantes y modelos afectivos heredados. Hasta que no se reconocen y transforman, seguirás repitiéndolos.

Ejercicio para entregar el ciclo
Antes de dormir, recuéstate y respira profundo tres veces. Luego, haz esta declaración:

> *"Yo superior, reconozco que estoy repitiendo ciclos. Me siento agotado/a. Repito amistades, amores, situaciones, pensamientos. Hoy elijo entregarte este ciclo. He aprendido de él, me ha enseñado... (expresa lo que hayas comprendido). Lo entrego con humildad y confianza."*

¿Cómo despertar el alma?

Agradece y permanece en silencio unos minutos. No necesitas hacer nada más. Solo observa, en los días siguientes, cómo comienzan a cambiar los escenarios que antes parecían inamovibles.

El alma no se sana con el tiempo, se sana con decisión. Si no haces el trabajo interno, seguirás repitiendo las mismas historias en diferentes etapas de tu vida. El cambio empieza cuando tomas conciencia, cuando eliges soltar, cuando decides limpiar.

No esperes que todo afuera cambie para empezar a sentirte bien. Libérate desde dentro, y lo externo empezará a alinearse con tu nueva frecuencia. Despertar el alma es recordar quién eres realmente, y comenzar a vivir desde ahí.

Sanación profunda y despertar espiritual

Despertar del alma

El despertar del alma es un proceso de conciencia profunda. No ocurre de un día para otro, sino cuando comenzamos a escuchar las señales internas y externas que la vida nos presenta. El alma se expresa a través de experiencias que nos sacuden: enfermedades, crisis, pérdidas o frustraciones que parecen repetirse. Estas situaciones no buscan castigarnos, sino guiarnos hacia un cambio interior.

El universo no responde a la súplica, sino a la vibración. Cuando crees firmemente que mereces algo, estás enviando una frecuencia que el universo entiende. En cambio, si te sientes indigno o temeroso, atraerás experiencias de carencia. Por eso, despertar el alma implica elevar la conciencia y asumir la responsabilidad de tus pensamientos, creencias y emociones.

El poder está en tu atención: aquello en lo que enfocas tu energía crece. Si deseas cerrar un ciclo, deja de alimentar lo que no deseas. Si quieres transformarte, cuestiona cada creencia limitante y reprograma tu mente con intención y claridad. Cuando lo haces, el universo se alinea contigo, y das lo que muchos llaman un salto cuántico: un cambio profundo en tu realidad.

La energía kundalini

La kundalini es una energía espiritual latente que, según las tradiciones del hinduismo, el tantra y el yoga, reside en la base de la columna vertebral, en el chakra raíz (Muladhara).

El término proviene del sánscrito y significa "enrollada", representando una serpiente dormida que simboliza el potencial espiritual de cada ser humano.

En muchas culturas occidentales, esta energía se asocia con el concepto del Espíritu Santo, representado por la paloma. Su activación ocurre cuando empezamos a purificar nuestro cuerpo, mente y emociones mediante la respiración consciente, la meditación, los movimientos corporales, la alimentación equilibrada y la práctica espiritual constante.

Cuando la energía kundalini asciende, libera bloqueos, despierta dones internos y nos reconecta con la esencia divina. Este proceso puede traer claridad mental, intuición elevada, creatividad y una profunda sensación de unidad con la vida.

- Formas de estimular la energía kundalini:
- Practica respiración consciente y meditación diaria.
- Realiza estiramientos o posturas de yoga.
- Repite mantras o afirmaciones positivas.
- Mantén una alimentación ligera y natural.
- Rodéate de silencio o música de alta vibración.

La kundalini no asciende si existen bloqueos emocionales o mentales. Por eso, el trabajo previo de limpieza interior y apertura de los chakras es fundamental antes de experimentar su despertar.

Un viaje hacia el interior

El principio espiritual "como es adentro, es afuera" nos recuerda que el mundo exterior refleja nuestro estado interno. Si vivimos en el caos, la confusión o el miedo, es porque algo dentro de nosotros necesita atención y sanación.

Emociones como el odio, la culpa, el resentimiento, la envidia o el miedo tienen una frecuencia baja y nos mantienen atrapados en realidades limitadas. Para elevar nuestra energía y permitir que la kundalini fluya, debemos reconocer y liberar cada emoción densa que cargamos.

Ejercicio de liberación emocional:
1. Busca un lugar tranquilo y siéntate en silencio.
2. Visualiza que entras en una habitación completamente blanca.
3. Habla con tu yo superior (tu alma) y exprésale la emoción que deseas liberar: miedo, ira, tristeza, culpa, etc.
4. Dile con claridad: "Yo superior, te entrego esta emoción. Reconozco el daño que me ha causado y elijo liberarla ahora."
5. Visualiza cómo esa emoción se disuelve y sales de la habitación libre y liviano.
6. Repite este proceso tantas veces como necesites, trabajando una emoción a la vez.

Sanación interior

La sanación del alma es un proceso profundo que requiere honestidad, paciencia y amor propio. No se trata de ignorar el dolor, sino de comprenderlo y transformarlo. El propósito no es "sentirse bien" de inmediato, sino reconciliarse con uno mismo y avanzar con autenticidad.

Pasos esenciales para sanar:
1. Reconocer lo que duele. No se puede sanar lo que se niega. Nombrar la herida es el primer paso hacia la libertad.
2. Aceptar las emociones. La tristeza, la ira o la culpa no son enemigas; son mensajeras del alma que piden ser escuchadas.
3. Perdonar. El perdón no significa justificar lo ocurrido, sino liberarte del peso de lo que ya no puedes cambiar.

4. Cuidar cuerpo y mente. Dormir bien, comer sano, meditar y pasar tiempo en la naturaleza equilibran lo físico y lo emocional.
5. Practicar la gratitud. Agradecer incluso los pequeños avances refuerza la energía positiva y acelera el proceso de sanación.

Sanar al niño interior

El psicólogo y filósofo Carl Jung dijo: "Hasta que no integres tu sombra, ella manejará tu vida y le llamarás destino." Tus sombras son esas heridas que se originan en la infancia y que, aunque no siempre las tengamos presentes, siguen influyendo en cada aspecto de nuestra vida.

Cuando nuestro niño interno ha sido marcado por la falta de amor, por miedos o inseguridades, esos recuerdos, conscientes o no, continúan condicionando nuestras decisiones. Jung afirmaba que, cuando un niño no crece sano, reprime sus emociones y se esconde. Ese niño interior se manifiesta en todas partes: en el miedo al abandono, en la necesidad de complacer a los demás, en esa sensación de no ser suficiente, en la dificultad para confiar en las personas, cuando una crítica te derrumba, cuando temes estar solo o cuando te cuesta decir que no por miedo al rechazo. Todo eso no viene de tu presente, sino de las heridas de la infancia que aún no han sido sanadas.

Jung decía que sanar significa integrar a nuestro niño interior. Pero para lograrlo, primero hay que reconocerlo.

Cuando sanas a tu niño interior, comienzas a sentirte libre. Tu vida cambia: dejas de buscar aprobación afuera, de temer al rechazo, de atraer relaciones que reflejan tu propio dolor.

La primera clave para sanar a tu niño interior es reconocer su presencia. Tal vez pienses que tus recuerdos de la infancia quedaron atrás, que no importan, que no tienen efecto en tu presente. Pero el inconsciente no olvida. Lo que no sanamos, lo repetimos una y otra vez. Las mismas heridas se presentan disfrazadas de nuevas situaciones, nuevas personas, nuevos conflictos.

Por eso, lo primero que debes hacer es mirar hacia adentro y preguntarte: ¿Cómo era yo cuando era niño? ¿Qué cosas me hacían feliz? ¿Cuáles me dolían? ¿Cuándo fue la primera vez que sentí que no era suficiente?

Ejercicio para sanar al niño interior:
- Cierra los ojos e imagina a tu yo de cinco años frente a ti.
- Obsérvalo: ¿se siente triste, asustado, inseguro?
- Acércate y abrázalo. Dile: "Te veo, te escucho, entiendo tu dolor. Ya no estás solo. Gracias por resistir. Ahora yo cuidaré de ti."
- Permanece unos minutos en esa visualización hasta sentir paz.

La segunda clave es validar su dolor. A veces minimizamos lo que vivimos en la infancia. Nos decimos que no fue para tanto, que otros la pasaron peor. Pero el dolor no se mide en comparación con los demás. Lo que viviste fue real, y si afectó la forma en que te ves a ti mismo o influyó en la manera en que te relacionas con los demás, entonces merece ser sanado.

Habla con tu niño. Abrázalo. Dile que lo entiendes, que viste todo lo que vivió, que le agradeces haber cuidado de ti y que ahora puedes tomar tus propias decisiones. Dile que lo amas, que lo valoras y que estás listo para tomar tu vida con madurez.

Sanar la herida paterna

Pocos comprenden el impacto que tiene la figura paterna durante la infancia, y aún menos entienden cómo esas primeras relaciones nos acompañan a lo largo de la vida, especialmente en nuestras relaciones amorosas. A menudo creemos que hemos dejado el pasado atrás, pero el inconsciente sigue proyectando aquello que no hemos sanado.

El padre representa, tanto para la madre como para el niño, mucho más que una figura de protección: es la primera autoridad, la guía que nos enseña sobre el mundo exterior, sobre la aceptación y el rechazo, sobre lo que se espera de nosotros y cómo debemos comportarnos para sentirnos dignos de amor.

¿Y qué ocurre cuando esa figura está ausente, es distante o incluso resulta dañina? Lo que sucede es que una parte de nosotros se fragmenta; se forma una sombra que, sin saberlo, nos sigue hasta que decidimos enfrentarla.

Tal vez nunca tuviste una relación cercana con tu padre. Quizás fue frío, distante o excesivamente exigente. Puede que intentaras ganarte su aprobación sin éxito, sintiendo que nunca eras suficiente. O quizá creciste sin una referencia clara de lo que significa recibir amor de una figura masculina.

Estas experiencias no desaparecen con el tiempo. Se esconden en lo profundo del inconsciente y se proyectan en nuestra vida adulta. Si alguna vez te has preguntado por qué repites ciertos patrones en tus relaciones, por qué atraes personas que te hacen sentir ignorado o insuficiente, es posible que la raíz de todo eso esté en la relación con tu padre.

La psique humana busca, en su nivel más profundo, revivir los conflictos no resueltos como una forma de encontrarles solución. En otras palabras: si cuando eras niño buscaste la aprobación de tu padre y no la obtuviste, es probable que de adulto sigas buscándola en tus vínculos —ya sea con parejas, amigos o figuras de autoridad—, recreando una y otra vez la misma herida.

Ejercicio para sanar la herida paterna

Escribe una carta a tu padre. Expresa todo tu dolor. No necesitas enviarla; lo importante es la intención con la que la escribes. Cuéntale todo lo que viviste, cómo te afectó su falta de correspondencia emocional, los conflictos que arrastras desde entonces. Luego escribe: "Te libero y te perdono. Gracias. Paz. Te amo."

Después, quema la carta. Ese acto simbólico representa el cierre del ciclo, porque has roto la proyección. También puedes realizar este ejercicio durante una meditación.

La figura del padre influye profundamente en nuestra autoestima y en la forma en que establecemos límites, buscamos reconocimiento o percibimos la autoridad. Un padre ausente, distante o excesivamente crítico puede dejar una herida que se repite en las relaciones adultas: necesidad de aprobación, miedo al rechazo o dificultad para confiar.

Sanar la herida materna

El vínculo con la madre es el más profundo y determinante de todos. Desde el útero absorbemos sus emociones, miedos y frustraciones. Si ella cargaba tristeza o culpa, es posible que hayas heredado parte de esa energía sin saberlo. Sanar esta herida implica reconocer lo que pertenece a ella y lo que te corresponde a ti.

Ejercicio para liberar el linaje materno:

Visualiza a tu madre frente a ti.

Dile con serenidad: *"Te amo, te honro y reconozco tu dolor. Comprendo que hiciste lo mejor que pudiste. Libero todo miedo, culpa o sufrimiento que heredé de ti. Pido permiso a mis ancestros para romper con este ciclo. Te perdono y me libero."*

Este acto de conciencia honra tu linaje sin cargar con sus heridas, y te permite avanzar con ligereza y amor.

Sanar, despertar y elevar la energía no son procesos separados: son partes de un mismo camino hacia la conciencia.

A medida que limpias tus emociones, liberas tu cuerpo energético y despiertas tu alma, comienzas a vivir con mayor claridad, compasión y propósito. El cansancio que aparece durante este proceso no es pereza, sino una señal de que tu cuerpo está aprendiendo a descansar después de años de supervivencia. Es la calma regresando a ti.

Sanar no significa olvidar el pasado, sino integrarlo con amor y conciencia. El alma despierta cuando eliges dejar de reaccionar desde el miedo y comienzas a vivir desde la verdad interior. Ahí empieza el verdadero renacer.

Sanar, Kundalini y Chakras

Si observamos nuestra historia personal desde la perspectiva de las constelaciones familiares, comprendemos que no se trata de mala suerte en el amor. En realidad, muchas veces es una lealtad inconsciente a las vivencias de las mujeres de nuestro linaje: mujeres que amaron desde el dolor, que esperaron demasiado, que entregaron todo por miedo a quedarse solas. Comprendemos que no son los otros quienes nos hieren, sino nuestro propio inconsciente repitiendo lo que aprendimos como "amor". Solo cuando miramos con el corazón, podemos soltar la necesidad de ser elegidas y comenzar a elegirnos a nosotras mismas.

¿Por qué atraes a hombres que no pueden sostenerte? Quizá no sea mala suerte, sino una herida en tu energía masculina que te lleva a vincularte con hombres que no te ofrecen lo que necesitas. Tal vez, de niña te enseñaron a resolver, pero no a recibir; a cuidar, pero no a pedir. Aprendiste que ser fuerte era la forma de merecer amor. Y ahora, aunque estás cansada, te cuesta soltar. Cuanto más haces, más se alejan. No viniste a ser madre de nadie, sino a compartir desde tu energía femenina. Para eso, necesitas sanar a la niña que aprendió a sobrevivir controlando todo.

Te convertiste en la mujer que lo resuelve todo, pero por dentro te sientes vacía, agotada y desconectada de ti misma. Eres fuerte, hábil, práctica. Pagas cuentas, enfrentas crisis, sostienes a otros. Pero cuando te permites simplemente recibir, algo en ti se resiste. Al vivir desde la energía masculina, te alejas de tu esencia femenina: la del disfrute, la entrega, la confianza. No es que no quieras soltar, es que aprendiste que debías hacer para ser vista, controlar para estar a salvo, demostrar para no ser rechazada. Así, sin darte cuenta, te fuiste dejando de lado.

He visto muchas madres hablar mal del padre, pero no dejarlo. Contaban lo que él hacía mal, cómo las hería, y luego actuaban como si nada. Esa incoherencia también se hereda. No en palabras, sino en cómo justificas vínculos que te lastiman. Creces confundida entre lo que ves y lo que sientes. Aprendes a llamar "amor" a lo que también duele.

Heredamos emociones, karmas y acuerdos inconscientes de nuestro linaje. Por eso, es necesario romper esos lazos para liberar nuestra energía y alinearnos con el universo.

Meditación para sanar el linaje familiar:
- Busca un lugar en silencio, relájate y respira profundamente.
- Cierra los ojos sin expectativas. Siente tu cuerpo entrar en calma.
- Visualiza un círculo de luz que te rodea. Dentro del círculo está tu familia: padres, abuelos, ancestros.
- Di en voz baja o mentalmente: "Pido permiso a mis ancestros para romper un karma familiar. Corto con toda energía de escasez, miedo, ira o dolor que yo y mi familia hemos cargado de forma inconsciente. Los libero y me libero."
- Visualiza un hilo rojo que los une a ti, y cómo se corta con luz. Di: "Soy libre."

Una vez que comiences a sanar heridas y romper con patrones generacionales, tu cuerpo se preparará para elevar la energía kundalini.

La energía kundalini y los chakras

La kundalini es una energía espiritual que reside en la base de la columna vertebral. Para activarla, es fundamental entender los siete chakras, centros de energía que forman parte de nuestro campo electromagnético o aura. Cada chakra se relaciona con aspectos físicos, emocionales y espirituales de nuestra vida.

Los 7 chakras y sus funciones:

1. **Raíz (Muladhara):** seguridad, supervivencia, estabilidad.
2. **Sacro (Svadhisthana):** creatividad, energía sexual, fluidez.
3. **Plexo solar (Manipura):** poder personal, autoestima, voluntad.
4. **Corazón (Anahata):** amor, compasión, apertura emocional.
5. **Garganta (Vishuddha):** comunicación, expresión auténtica.
6. **Tercer ojo (Ajna):** intuición, visión interna, percepción.
7. **Corona (Sahasrara):** conexión espiritual, conciencia superior.

Beneficios de desbloquear los chakras:
- Raíz: desaparece el miedo, surge la estabilidad.
- Sacro: se regula el deseo y la creatividad fluye.
- Plexo solar: empoderamiento y claridad personal.

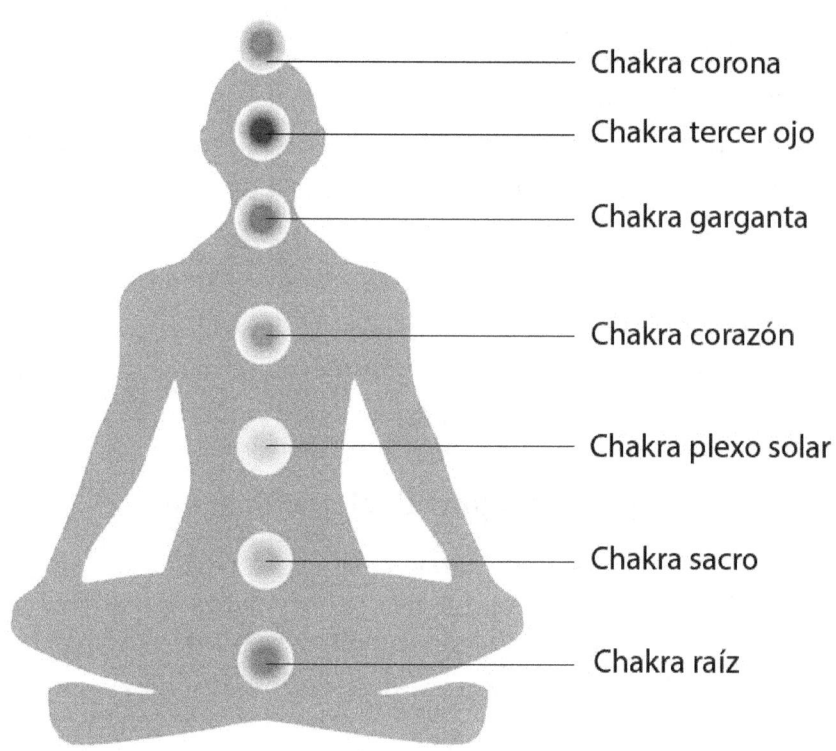

- Corazón: se libera el rencor y se abre al amor.
- Garganta: mejora la expresión sincera.
- Tercer ojo: claridad mental, intuición elevada.
- Corona: unión con el todo, desapego del ego.

Cuando los chakras están bloqueados o desequilibrados, el flujo de energía se estanca. Por ejemplo, el uso excesivo de la energía sexual puede agotar el chakra sacro. Para desbloquearlos, es vital conservar la energía vital, incluso a través de la moderación sexual consciente.

Práctica para activar la kundalini y alinear los chakras:
- Siéntate o recuéstate en silencio y con comodidad.
- Respira profundo hasta sentir tu cuerpo relajado.
- Visualiza el primer chakra (raíz) y repite mentalmente tres veces: "Chakra raíz, abre".
- Repite este proceso con cada chakra, de abajo hacia arriba, hasta llegar al chakra corona.
- Practica a diario. Puedes sentir temblores, presión en la frente o calor interno: es normal. Tu energía está despertando.

La kundalini no sube si hay bloqueos emocionales o energéticos. Pero cuando el cuerpo esté listo, esta energía ascenderá a través de los chakras, limpiando miedos, traumas y viejos patrones. Sentirás claridad mental, liberación emocional y una profunda conexión con el universo.

La glándula pineal: el portal al alma

La glándula pineal, o tercer ojo, es el centro de la percepción espiritual. Cuando se activa, puedes acceder a registros akáshicos, tener sueños lúcidos, leer energías y percibir dimensiones sutiles. Es un canal directo hacia el alma.

Ejercicio para activarla: Durante tu meditación diaria, repite con intención: *"Tercer ojo, ábrete"*. Al principio podrías experimentar dolor de cabeza o ver luces internas, pero con la práctica, tu percepción se expandirá.

Sanar el linaje, activar la energía kundalini y despertar la glándula pineal son pasos esenciales hacia la libertad espiritual. No viniste a repetir historias. Viniste a transformarlas. Y cuando te eliges, honras a todo tu linaje.

Conclusión

    Sanar no es un destino final, es un camino que se recorre hacia adentro. A lo largo de estas páginas, hemos explorado el alma, la mente, el cuerpo, las emociones y el linaje. Hemos entendido que mucho de lo que vivimos no es casualidad ni castigo, sino el reflejo de programas heredados, heridas no sanadas y acuerdos inconscientes que se activan hasta que decidimos transformarlos.

    La desconexión, el dolor, la repetición de patrones y la sensación de estar perdidos no son señales de que algo está mal con nosotros, sino llamados a despertar. El alma siempre susurra a través de lo cotidiano, de las relaciones, del cuerpo y de los silencios. Y cuando por fin escuchamos, todo comienza a ordenarse desde adentro hacia afuera.

    Descubrimos que la fe no es un acto pasivo, sino una energía viva que crea, que la intención mueve realidades, y que al hablar con nuestro yo superior, comenzamos a recordar quiénes somos en verdad. Comprendimos que no vinimos a repetir historias, sino a liberar nuestro linaje, a elegirnos, a sanar a nuestro niño interno, y a equilibrar nuestra energía para manifestar desde la conciencia.

    La liberación no está afuera, sino en dejar de cargar lo que ya no nos pertenece. En soltar el control, en permitirnos recibir, en amar sin miedo y en honrar nuestro camino sin compararlo con el de nadie más.

    Este libro no es una respuesta definitiva, sino una puerta. La verdadera transformación comienza cuando decides mirarte con honestidad, escucharte con compasión y actuar con conciencia. El alma ya sabe el camino. La vida siempre responde cuando tú eliges despertar.

*¡Qué cada palabra aquí sembrada te acompañe
como semilla de luz en tu camino de regreso a ti!*

www.ingramcontent.com/pod-product-compliance
Lightning Source LLC
LaVergne TN
LVHW051158080426
835508LV00021B/2684